D1269559

Made in the USA
Las Vegas, NV
18 May 2021

23230462R10075